DISCOURS

PRONONCÉ PAR

M. L'ABBÉ MARIN MESNARD

DISCOURS

PRONONCÉ PAR

M. L'ABBÉ MARIN MESNARD

Curé-Doyen de Saint-Gilles-sur-Vie

(DIOCÈSE DE LUÇON)

A LA CÉRÉMONIE DE PRISE D'HABIT

DE

Mlle Thérèse **GRIPPON LA MOTTE**

EN RELIGION

SŒUR THÉRÈSE DE JÉSUS AU CARMEL DE TOURS

Le 1er Juillet 1890

TOURS

IMPRIMERIE DESLIS FRÈRES, RUE GAMBETTA, 6.

—

1890

DISCOURS

PRONONCÉ PAR

M. L'ABBÉ MARIN MESNARD

CURÉ-DOYEN DE SAINT-GILLES-SUR-VIE

(Diocèse de Luçon)

Ascendite in Carmelum.
Montez au Carmel. 1 Reg. xxv, 5.

« Ceux que Dieu a prédestinés, dit l'Apôtre, il les a appelés. » *Quos Deus prædestinavit, hos et vocavit.* Toute prédestination, mes Frères, a donc sa vocation ; et toute prédestination spéciale, sa vocation choisie. Ah ! le moment doux et solennel, celui où ce grand Dieu, penché sur une âme qu'il enveloppe de sa tendresse, lui fait entendre ses paroles intimes, comprendre ses mystérieux desseins !

Si jeune que vous apparaissiez aujourd'hui dans votre sacrifice, ma Sœur, ce n'est pas vous toutefois, qui avez eu les prémices de ces appels divins dans votre famille. La première fois, il m'en souvient, la voix de Dieu s'entendit au milieu de l'affliction et des larmes. C'était pourtant une parole pleine de mansuétude et d'amour, celle qui s'adressait alors à votre sœur aînée (1), sur son lit de souffrances : « Levez-vous ! Vierge chrétienne, levez-vous et venez à moi dans toute la beauté d'une âme que le souffle du monde n'a pas encore ternie. » *Surge, speciosa mea, et veni.* Car, ceux que Dieu a destinés à paraître seulement sur cette terre d'exil, il les appelle de bonne heure et au printemps de la vie. *Quos Deus prædestinavit, hos et vocavit.*

Une seconde fois, Jésus est venu frapper à la porte de la maison paternelle : « Ouvrez, ma Sœur, ouvrez vite, car ma tête est pleine de la froide rosée et des brumes de la nuit. *Aperi mihi, soror mea, quia caput meum plenum est rore et cincinni mei guttis noctium.* Ce fut votre plus jeune sœur qui l'entendit (2). Elle reconnut le bon Maître sous les traits de l'indigent, et son sourire sur les

(1) Mademoiselle Marie Grippon la Motte, pieusement décédée le 31 mai 1884.

(2) Mademoiselle Anna Grippon la Motte, en religion Sœur Anna de Marie, petite Sœur des Pauvres, à Edinburg (Écosse).

lèvres du vieillard. Elle le suivit ; et maintenant, petite Sœur des Pauvres, elle médite là-bas dans la joie de son âme les paroles de Jésus-Christ : « Ce que vous ferez au plus petit d'entre eux ; c'est à moi-même que vous l'aurez fait. » Enfin, une troisième fois le Sauveur apparut sur le seuil qu'il aimait à franchir : et c'est à vous, ma Sœur, que s'adressait la suave invitation : « Écoutez, ma fille, écoutez-moi dans le fond même de votre cœur, et dans le sanctuaire où tout fait silence, et considérez bien ce que je vais vous dire : Oubliez votre peuple et la maison de votre père »... *Audi, filia, et vide et inclina aurem tuam : et obliviscere populum tuum et domum patris tui.* Ce jour-là, toute remplie de cette voix et des charmes du Visiteur céleste, étonnée et ravie de ses demandes, vous lui avez dit sans doute : « Seigneur ! je veux vous suivre à mon tour ; mais où donc m'emmenez-vous ? » Lui, reprenant avec douceur : « Mon enfant, comment vous appelez-vous ? — Je m'appelle Thérèse ! — Eh bien ! L'homme de Dieu (1) qui vous a nommée vous a tracé votre voie... Montez au

(1) Monsieur l'abbé Sévin, curé de Senonnes (diocèse de Laval) , parrain de la jeune novice.

Carmel »... *Ascendite in Carmelum*. Et vous que n'effrayaient pas ces âpres sommets, vous avez répondu : « J'irai ! Seigneur, j'irai à la montagne de la myrrhe et de l'encens, de l'immolation et de la prière. » *Vadam ad montem myrrhæ et ad colles thuris*. Et ce sera pour toujours ; tant que durera la nuit de cette existence, jusqu'à ce que les ombres de la vie se retirent et que paraisse le jour de l'Éternité ; *donec aspiret dies et inclinentur umbræ*.

La connaissez-vous bien cette montagne sainte, entrevue dans les visions de votre foi et de votre amour ? Oui, sans doute ; vous avez été instruite par le guide assuré de votre conscience, éclairée par les lumières intimes de l'Époux divin que vous avez choisi ; votre détermination est sage, ferme et prudente.

Que vous dirai-je donc, moi qui ne l'aperçois que dans le lointain, à vous qui la voyez de près, et qui en gravissez déjà les sentiers ?...

Cette montagne du Carmel offre à mes regards deux magnifiques sommets qui me représentent les deux plus célèbres collines dont nous parle le saint Évangile : le Calvaire et le Thabor. Sur l'une des cimes majestueuses, je vois écrit en caractères de flamme :

Immolation, et sur l'autre : Transfiguration. Immolation des biens extérieurs dans la pauvreté ; immolation des affections les plus légitimes dans la séparation d'avec les siens ; immolation de tout soi-même dans la vie de pénitence et de mortification. Transfiguration du corps dans la chasteté virginale ; transfiguration de l'âme dans la contemplation et la prière ; transfiguration du cœur dans le feu de l'amour divin.

Ah ! je ne pourrai que bégayer quelques mots sur ces admirables mystères.

I

Le premier mot d'une vocation religieuse, mes Frères, est celui qui a été dit au patriarche Abraham... « Sortez. » *Egredere*. C'est la première démarche commandée à une âme qui veut se donner à Dieu. Le religieux est séparé avant d'être consacré. Sortez donc, épouse appelée, sortez et séparez-vous ! Eh ! qu'allez-vous quitter tout d'abord ; à quoi allez-vous renoncer ?... « Sortez de la terre que vous habitez, dit l'Esprit-Saint, sortez de ce monde où vous vivez ». *Egredere de terra tua.* Prenez garde surtout d'en rien emporter ; car, explique Jésus-Christ : « Si quelqu'un ne renonce à tout ce qu'il possède, il ne peut être mon disciple. » Mais si cette âme chargée des richesses du siècle ne peut être votre disciple, Seigneur, comment donc serait-elle votre épouse ?... D'ailleurs les biens sont mis ici pour tout le reste, et ce que les exigences de cette vocation réclament, c'est le renoncement à toutes choses. L'Épouse des Cantiques avait bien compris cette nécessité. Lorsque l'Époux vint frapper à la porte de son cœur, lui disant : « Ouvrez, ma sœur, ouvrez » *Aperi, soror mea.* Du dedans de son sanctuaire, elle répondit : « Entrez, Seigneur, je me suis détachée de tout, et de la robe même que je possédais dans le monde, et celle que je porte n'est pas à moi... *Exspoliari me tunica mea.* Entrez ! faisons alliance dans la sainte Pauvreté. » Et vous, ma Sœur, vous venez ici avec les vêtements somptueux du monde et parée comme une épouse pour des vœux terrestres. Ah ! quittez, quittez ces habits superbes dans lesquels votre Fiancé céleste ne vous recon-

naîtrait point ! Prenez le tissu grossier du
pauvre et la robe de bure de la charité qui ne
vous appartiendra pas en propre ; alors vous
pourrez dire avec joie : « C'est fait ! » *Exspoliavi me tunicâ meâ !* J'ai dépouillé les livrées
du monde, et comment les reprendrais-je
désormais ? *Exspoliavi me tunicâ meâ et quo-
modo induar illâ ?* Il se fera bientôt sous nos
yeux, ce changement symbolique ! Ah ! que
cette cérémonie est attendrissante ; mais que
la chose qu'elle exprime est plus grave et
plus touchante encore !

Car, ma Sœur, ce n'est ici qu'un signe sen-
sible ; qu'un signe, j'oserais dire sacramentel,
de la grâce qui doit opérer en vous le déta-
chement entier, la séparation totale.

Quittez ! quittez le monde lui-même, comme
ses parures et ses pompes séduisantes ; quittez ses avances, alors qu'il sourit ; ses attraits,
à un âge où l'âme toute neuve s'ouvre si aisé-
ment aux impressions du plaisir et des vanités
brillantes, aux recherches de l'estime et de
l'amitié !

Quittez ce monde si vivant et la terre même
où il demeure, dans cette saison de l'existence
où les sentiers de la vie plus encore que ceux

de la nature, sont semés de fleurs! *Egredere, egredere de terrâ tuâ*. Nous, spectateurs édifiés, nous voyons tout cela dans ce changement : tout tombe, tout s'en va, tout ce présent disparaît, tout cet avenir humain s'évanouit.

Et maintenant avec ces livrées nouvelles, revêtez-vous en même temps de Jésus-Christ notre Seigneur : *Induimini Jesum Christum*; intérieurement comme extérieurement ; laissez pénétrer en vous son esprit et ses sentiments, exprimez dans votre vie et dans votre conduite son humble et parfaite pauvreté. Car Jésus-Christ a été vraiment et entièrement pauvre : pauvre dans sa naissance et dans la crèche qui lui servit de berceau ; pauvre dans sa vie et n'ayant pas à lui où reposer sa tête ; pauvre dans sa mort et le dépouillement du Calvaire. La première leçon qu'il nous donne en venant au monde est une leçon de pauvreté, et c'est aussi la dernière qu'il nous offre en le quittant. Ah ! c'est là surtout, sur le bois de la croix, qu'il s'écrie avec justice : « Je suis pauvre, uniquement pauvre ! » *Unicus et pauper sum ego !...*

Voilà, ma Sœur, votre modèle. Vous avez commencé à l'imiter déjà. Cette couche austère, où depuis quatre mois vous avez étendu vos membres mortifiés, c'est la Crèche ; cette humble cellule que vous avez occupée, c'est Nazareth ; mais vous n'êtes encore qu'au pied de la colline : montez les degrés du Carmel ! *Ascendite in Carmelum !* C'est au plus haut que se trouvent les biens de l'Épouse fidèle. *Possessio ejus in Carmelo.* Et quels biens ! Jésus-Christ seul ! Jésus sur son Calvaire mystique, Jésus dépouillé de tout, suspendu entre le ciel et la terre à laquelle ses pieds eux-mêmes ne touchent plus ! Le dénûment complet, la pauvreté absolue ! *Unicus et pauper sum ego !* Et pourquoi voulez-vous tout abandonner ici-bas ? Quand vous avez regardé toute richesse comme la balayure de ce monde, n'aviez-vous pas les aspirations et le langage du grand apôtre ? N'aviez-vous pas pensé et dit avec lui : « J'ai regardé toute chose comme une perte, afin de gagner Jésus-Christ ! » Sans doute, et c'était pour l'avoir comme maître, comme ami, comme époux ; et, selon une parole célèbre du Sauveur lui-même, afin que Thérèse de Jésus possédât pleinement Jésus de Thérèse. Cette possession de votre époux est au Carmel. *Possessio ejus in Carmelo.*

✱✱✱

Mais tout au haut du Carmel, *in vertice Car-meli;* là, où est plantée la croix froide et nue. Montez donc les sentiers de la colline! *Ascendite in Carmelum!* Une année entière vous est donnée pour en gravir les pentes, et là, sur les cimes les plus élevées, un jour qu'il attend, le divin Pauvre Jésus-Christ, qui vous appellera de nouveau à ses pieds, détachera son bras cloué; il vous ramènera contre son cœur comme autrefois François d'Assise, le chantre de la Pauvreté, il vous remplira de ses chastes ivresses, et sur son Calvaire où vous serez crucifiée à tous les biens du monde, se célèbreront enfin les épousailles immortelles de « Jésus de Thérèse » et de « Thérèse de Jésus » !...

Est-ce bien là une véritable immolation ?

Mais il y en a de plus sensibles. Au premier renoncement la parole divine en ajoute aussitôt un second... « Sortez de votre parenté et de la maison de votre père. » *Egredere de cognatione tuâ et de domo patris tui.* Et Notre-Seigneur dans son saint Évangile n'adoucit pas cette obligation, car il dit expressément: « Celui qui aime son père et sa mère plus que moi, n'est pas digne de moi. » C'est ici la grande épreuve, la vraie séparation, le réel déchirement : d'autant plus que les cœurs appelés de Dieu sont souvent des cœurs d'élite, d'une nature très heureusement douée déjà, et enrichis par l'onction de la grâce ; des cœurs par conséquent naturellement et surnaturellement affectueux et sensibles. Et toutefois il faut briser ces liens si doux et si forts. « Écoute, ma fille, écoute ! oublie ton peuple et la maison de ton père !.. » *Audi filia... et obliviscere populum tuum et domum patris tui.* Vous, ma Sœur, je le sais, qui n'avez connu et goûté jusqu'ici que les douceurs de la vie de famille ; dont le foyer domestique était la flamme et le rayon qui éclairait et réchauffait toutes les affections, toutes les émotions paisibles de votre existence ; dont tout l'horizon était le regard de votre père et de votre mère, et pour laquelle il semblait qu'il n'y avait pas de tendresse au monde, ni d'amitié en dehors du cercle uni de vos frères et de vos sœurs : eh bien ! Dieu l'a dit : « Oubliez la maison de votre père ! » *Obliviscere domum patris tui.*

Mais oublier, est-ce possible ?... Ah ! quitter, vous en sentez en vous-même la force et l'énergie ; mais oublier ! ne pas emporter dans votre cœur cette douce image ! Est-ce possible ?..

Oh ! non : écoutez bien la parole divine : « Oubliez la maison de votre père » *Obliviscere domum*. Oubliez ces murs que vous ne devez plus revoir. ce seuil que vous ne devez plus franchir : mais n'oubliez pas ! n'oubliez pas votre père vénérable, grand et plein de foi comme Abraham dans son sacrifice ! n'oubliez pas votre mère, cette femme forte, debout aux pieds de son Calvaire ! n'oubliez pas vos frères et votre sœur restés dans le monde, pour leur soutien et leur consolation ! N'oubliez pas cette sœur plus jeune qui remplit auprès de Jésus et de ses chers pauvres l'office de Marthe, pendant que vous avez la part encore plus heureuse de Marie à ses pieds. — Oh ! oublier ! Dieu ne le demande pas, Dieu ne le veut pas ! Et savez-vous pourquoi ?... C'est qu'il sollicite de vous un vrai sacrifice, un sacrifice exquis. Un cœur qui oublie cesse de souffrir et de s'immoler : et Dieu ne veut pas que vous cessiez d'être victime. Oh ! n'oubliez pas ! et chaque jour offrez à Dieu la blessure vive, afin qu'il y verse le baume de sa tendresse ; offrez chaque jour les morceaux d'un cœur brisé, afin qu'il les réunisse et les cimente du sang de son amour !

S'il ne faut pas oublier, il faut abandonner cependant. *Egredere de cognatione tuâ !...* Encore un coup : « Sortez de votre parenté. »

Déjà cette séparation a été faite une première fois en principe. Déjà on vous a vu disparaître, on a entendu se fermer sur vous la porte sombre et avec elle bien des espérances. Et vous depuis, quand on est venu frapper au monastère, quand on vous a envoyé dire comme au Sauveur : « Voilà votre mère et vos frères qui vous demandent ..., » alors vous disiez en vous même : « Qui est ma sœur et qui sont mes frères ?... » Et étendant les mains vers cette nouvelle famille qui vous était donnée dans le cloître, vous ajoutiez avec un sentiment indéfinissable : « Voilà ma mère et mes sœurs.» *Soror et mater est.*

Cependant Jésus-Christ de qui vient cette parole, « aima les siens qui étaient en ce monde, »' et le disciple bien-aimé nous dit qu'il les « aima jusqu'à la fin ». De même vous les chérirez jusqu'au dernier instant de votre vie. La séparation sera dans la présence et ses joies, elle ne sera pas dans le cœur et ses souvenirs ; et puisque le Carmel est pour vous un Calvaire, empruntez à Jésus en croix le mot de séparation et d'adieux. Regardez une dernière fois votre père et votre mère, vos frères et votre sœur qui vous entourent et dites aux premiers : « Voilà vos enfants, » et aux autres : « Voilà votre père et votre mère ! » Puis, que votre regard porte au ciel l'expression de votre sacrifice avec cette suprème parole : « Maintenant, mon Dieu ! Tout est consommé ! » *Consummatum est !*

Non, tout n'est pas consommé. Ce n'est pas une fin, ce n'est ici qu'un prélude ; et après l'immolation de tous, il demeure encore à la religieuse Carmélite, l'immolation de soi-même. L'immolation de soi-même est l'essence de la vie consacrée à Dieu. Le religieux, la religieuse n'ont été séparés que pour être voués. Par état ils ne s'appartiennent plus, et leur entrée en religion se fait comme l'entrée de Jésus dans ce monde et avec les mêmes paroles : « Mon Père ! Des holocaustes trop terrestres ne pouvaient vous être agréables, alors j'ai dit : Je viens là pour faire votre volonté... » Parler et agir de la sorte, qu'est-ce autre chose, sinon se constituer victime obéissante, et obéissante jusqu'à la mort : s'il le faut, jusqu'à la mort de la croix ? Victime ? Cette âme généreuse le sera par choix, je le veux ; par libre volonté, c'est ce qui fait la beauté dn sacrifice, ce n'est pas ce qui en altère la plénitude ; car elle est établie à la fois prêtre et victime, comme le Christ son modèle. *Sacerdos et victima.*

Mais si tout état religieux participe à cette vocation sublime, le Carmel en est l'expression la plus remarquable, l'application la plus étroite. Toute la vie du Christ fut une croix et un martyre. *Tota vita Christi crux fuit et martyrium.* Toute la vie d'une Carmélite est pénétrée de cet esprit de souffrance et d'expiation. Tous les emplois, tous les exercices sont empreints de cette mort à la nature et à soi-même, et ces hosties volontaires peuvent dire avec l'Apôtre : « Seigneur, tous les jours nous sommes livrées à la mort, nous sommes regardées, et nous nous regardons nousmêmes comme des victimes qu'on immole. »

Abstinences, jeûnes, prières, veilles, mortifications, cilice et disciplines sanglantes : chaque article de ces saintes observances, chaque cellule qui les met en pratique reten-

tissent de ce mot : « Nous sommes les victimes
de Dieu ! » C'est ce qui est l'effroi des mondains,
c'est ce qui fait la joie de ces âmes coura-
geuses. « Nous sommes les victimes de Dieu ! »
Tout est dit pour elles, tout est expliqué. Rien
ne les étonne plus, rien ne les rebute, rien ne
les afflige. Elles s'estiment heureuses de porter
dans un corps innocent la mortification et les
augustes stigmates du Christ. Elles s'animent,
elles s'exaltent dans le sacrifice, et les bras
étendus sur leur Calvaire, elles poussent le
cri héroïque de Thérèse d'Ahusma : « Ou
souffrir ou mourir !... » Le Carmel a donc les
plus évidentes analogies avec le Golgotha.
C'est la station la plus douloureuse du sacrifice religieux. Comme lui c'est une cime expia-
toire et propitiatoire élevée entre le ciel et les
coupables. Un double amour soutient la Carmélite sur cette croix dressée : l'amour de
Jésus-Christ et l'amour des âmes. Ah ! ne lui
demandez pas pourquoi elle reste ici clouée !...
Elle vous répondra toujours : « Je suis la
victime de Dieu ; ne le savez-vous pas ?
D'ailleurs ne me plaignez pas ; je ne suis pas
attachée à la croix seule ; je suis crucifiée avec
mon Époux, entre ses bras. *Christo confixus*

sum cruci. Ne me plaignez pas ; chacune de mes prières, chacune de mes larmes, chaque goutte de mon sang retombe avec ses prières, ses larmes et son sang sur le monde : et je me réjouis dans les maux que j'endure pour vous. J'accomplis avec joie dans ma chair ce qui reste à souffrir à Jésus-Christ, en souffrant moi-même pour son corps mystique, qui est l'Église. « *Nunc gaudeo in passionibus pro vobis ; et ad impleo ea quæ desunt passionibus Christi in carne meâ, pro corpore ejus, quod est Ecclesia*.

A celle qui ambitionne une place dans cet étrange royaume, il faut donc poser tout d'abord la question du Maître : « Savez-vous ce que vous demandez, et pouvez-vous boire mon calice ?... *Potestis bibere calicem meum ?* — Oui, Seigneur, je le puis si vous mêlez au fiel quelques gouttes de votre amour. *Possumus. Possumus*. Eh bien ! soit ! vous le boirez en vérité. » *Calicem meum quidem bibetis*. Montez donc au Carmel, ce Calvaire des âmes ; suivez les rampes abruptes, portant votre croix, ramassant toutes les croix semées sur le chemin. Courage ! généreuse amante de Jésus-Christ ! Courage ! « Le Carmel est comme toutes les montagnes, fatigant quand on le gravit, enivrant quand on arrive au sommet. » Là, le ciel se déroule sans horizon, la lumière divine n'a plus à percer de nuages, elle inonde ces hauteurs de toutes ses éblouissantes clartés : *illuminans in altis Dominus.*

Ce n'est plus le Calvaire, c'est le Thabor de l'âme transfigurée.

II

« En ce temps-là, nous disent les Evangélistes, Jésus prit avec lui Pierre, Jacques et Jean son frère. Ils les conduisit seuls à l'écart, sur une haute montagne, pour prier. Et pendant qu'il priait, il fut transfiguré devant les Apôtres. Son visage resplendit comme le soleil, ses vêtements parurent éclatants de lumière, et blancs comme la neige. »

Où trouverons-nous ici-bas, mes Frères, quelque pâle image de cette admirable scène de la Transfiguration ? Suivons pour cela le conseil de mon texte ; allons sur la montagne de la prière et tout au haut du Carmel. Pénétrons la nuée mystérieuse qui l'enveloppe tout entière; où la conversation est établie avec les esprits célestes, où la voix de Dieu se fait entendre dans le secret des âmes.

Que verrons-nous, non pas avec nos faibles yeux, mais avec les regards de la foi?.,. Blancheur et lumière dans la chasteté virginale; extase et amour dans la vie contemplative et unitive; élévation et transfiguration de l'être tout entier. Oh! qu'il fait bon d'être ici, ne fût-ce qu'un moment; et d'entrevoir à demi ce spectacle au travers des voiles discrets qui le cachent à la vue inattentive du monde!

La chasteté est la vertu essentielle de la vie religieuse qu'il est impossible de concevoir dans un état moins parfait. La condition nécessaire de cette alliance mystique a été établie par ces paroles de l'apôtre saint Paul: « Je vous ai fiancée à cet unique Époux, en vous offrant à Lui comme une vierge chaste et pure. » *Despondi enim vos uni viro, Virginem castam exhibere Christo.*

L'âme qui a des prétentions aussi hautes doit être absolument chaste : elle le doit à l'Époux et à l'union toute spirituelle qu'elle veut contracter avec Lui. Quel est celui qui

demande et dit au fond de son cœur : « Écoute,
ma fille, et prends garde. *Audi, filia, et vide...*
Et le Roi du ciel sera épris de ta beauté ! *Et
concupiscet Rex decorem tuum.* » C'est le Fils
de Dieu fait homme. Il a pris un corps et une
âme semblables aux nôtres, sans doute ; mais
une âme sainte et pure, un corps virginal et
céleste. C'est l'amour qui l'a fait descendre sur
la terre et c'est la chasteté qui le donna au
monde ; et maintenant lorsqu'il veut s'unir aux
âmes, il leur demande l'un et l'autre, et la
chasteté de l'amour et l'amour de la chasteté...

C'est ce que vous avez compris, mes Sœurs,
c'est ce que vous avez goûté. Vous avez
renoncé aux alliances honorables, douces et
heureuses selon le monde... Vous avez appris
et chanté le cantique d'Agnès, la fiancée du
Christ : « *Recede a me pabulum mortis, ab alio
amatore præventa sum.* Retirez-vous affections humaines, retirez-vous jouissances sensibles ; vous n'êtes à mes yeux que l'aliment de
la corruption et de la mort. J'ai été prévenue
par un autre époux et par un autre amour. Je
l'ai entrevu dans la foi de mon cœur. Et soit
qu'il m'ait apparu, enfant dans la crèche de

Bethléem, adolescent sous le toit de Marie et de Joseph, annonçant aux âmes le royaume de Dieu ou dégageant des épines la brebis égarée, resplendissant dans la gloire du Thabor, flétri et sanglant dans les douleurs de l'Agonie et les tourments du Calvaire, il m'a toujours paru le même : le plus beau des enfants des hommes. Quand sa beauté extérieure se voile, sa beauté intérieure me ravit. Quand en Lui la figure humaine se défait, j'aperçois davantage la face de Dieu. Que me voulez-vous donc ? J'ai déjà un fiancé qui m'aime et que j'aime. Mon fiancé qui a ma foi, c'est celui que servent les anges et dont les astres du ciel admirent la beauté. J'aime le Christ né d'une mère Vierge, et d'un Dieu Vierge. Quand je l'aime, je suis chaste ; quand je l'approche, je suis pure ; et quand je l'épouse, je suis plus vierge que jamais ! *Quem cum amavero casta sum, cum tetigero munda sum, cum accepero virgo sum !* »

Vous avez regardé avec pitié les cœurs vulgaires qui rampent dans les brouillards de nos vallées. Vous les avez quittés en disant : « Ah ! laissez-moi, laissez-moi monter vers les collines célestes où l'air est plus pur et la lumière plus belle. J'ai besoin qu'il fasse beau et clair autour de moi et au dedans de moi-même ! Laissez-moi m'élever plus haut, vers les monts de pureté et d'innocence, vers les Thabors mystiques que Dieu illumine de ses clartés. » *Illuminans in excelsis Deus.*

Ah ! ces montagnes, je les connais ! ce sont celles où le vielllard de l'Apocalypse a vu la scène admirable des Vierges qui suivent l'Agneau sans tache, et entendu les harmonies ravissantes de la chasteté : C'était comme une voix qui venait du ciel et comme le son des harpes mélodieuses ; et ils chantaient un cantique que nul autre ne pouvait chanter, car ils sont vierges, et suivent l'Agneau partout où il va. *Virgines enim sunt et sequuntur Agnum quocumque ierit.*

Oh ! qu'elle est belle la génération chaste avec toute la clarté qui l'environne ! *O quam pulchra est casta generatio cum claritate !* La lumière est chaste et la chasteté est lumineuse ; chasteté et lumière, c'est une même chose.

Vous voilà donc lumière dans le Seigneur ! *Nunc lux in domino.* Marchez, marchez sur la haute route, phalanges pures, tribus célestes du Carmel, marchez comme des enfants de lumière ; *ut filii lucis ambulate*. Les docteurs de l'Église l'ont dit ; votre chair virginale est transformée et angélique, *angelica caro !* Les Pères de l'Église l'ont affirmé : dès ici-bas, vous commencez d'être ce que nous serons un jour ! *Quod futuri sumus jam vos esse cœpistis.* (S. Cypr).

Ce que nous devons être un jour ?... Nous devons être changés. *Et nos immutabimur.* Nous le serons dans un seul moment, en ce jour où le Christ apparaîtra dans sa gloire. Et vous dès maintenant, à travers les lentes et belles transformations de la pureté et de la prière, vous commencez d'être ce que nous deviendrons alors : des êtres transfigurés !

L'Évangéliste nous dit que la transfiguration de Notre-Seigneur eut lieu dans l'extase de la prière. *Et cum oraret transfiguratus est ante eos.* Ce n'est pas que la sainte Humanité du Sauveur eût besoin de ce secours.

En raison de son union avec le Verbe de Dieu et de la possession de la vision béatifique, l'état normal de cette Humanité sainte devait être sans doute la Transfiguration ; et la violence pour elle, le vrai miracle, c'était de voiler sa gloire aux yeux des hommes et de paraître obscure comme l'un de nous. Mais il a voulu nous laisser un enseignement et nous faire comprendre que la prière avait pour effet admirable de transformer les âmes. La prière est une élévation de notre esprit et de notre cœur à Dieu, et à mesure que l'homme monte ainsi sur ses ailes, il prend quelque chose des régions célestes où il est emporté. Les brumes qui s'élèvent de nos vallées, se purifient aux rayons du soleil et se résolvent en blanches et délicates vapeurs. Ainsi l'âme en montant du sol vers les hauteurs de la prière se dégage et s'épure au feu de l'éternelle Justice; et il arrive parfois que le visage extérieur s'illumine lui-même des reflets célestes qui l'ont frappé. Que sera-ce donc, mes Frères, lorsque la prière ne sera pas un acte transitoire, mais comme un état permanent, et le fond même de l'existence ? Telle est la vie contemplative.

L'état d'oraison c'est celui d'une âme habituellement en face de Dieu, regardant, dans les transparences de la foi et de l'amour, ses perfections, sa grandeur, sa beauté infinie, et se laissant pénétrer autant que possible de sa lumière et de sa gloire comme le miroir d'un pur cristal. Il n'est donc pas étonnant que ces âmes qui se laissent ainsi traverser par les clartés divines en soient tout illuminées ?

Voyez-vous cet astre paisible qui lentement se lève à l'horizon sur le soir d'un beau jour ?... Planète morne et obscure en elle-même, elle a regardé au-dessus des collines. Là-bas, en face, est le soleil que nous n'apercevons plus, qui s'est couché pour nous dans sa gloire, et qui lui envoie ses jets lumineux. Elle en est toute radieuse, et monte, globe d'or vivant, dans la solitude des airs ! Ainsi l'âme qui se tourne vers Dieu dans la vie contemplative. Cette étoile terrestre, humble et sans éclat, s'est placée en face du Soleil des élus ; et la voilà tout inondée des flots de la lumière ! Elle monte au-dessus de nos fanges, et des solitudes du Carmel s'avance transfigurée dans les sphères des Cieux !...

Toutes ces âmes contemplativees n'é-prouvent pas sans doute au même degré ces transformations admirables, et ne sont pas investies des mêmes splendeurs, mais toujours elles voient mieux, toujours elles sont plus éclairées sur ces hauteurs que celles qui se traînent dans les vallées ombreuses de l'existence vulgaire. Avec quelle pitié compatissante elles nous regardent au sein de nos ténèbres ! Elles disent alors avec l'Apôtre : « Là-bas dans ce monde trop terrestre, la plupart ont un voile sur leur cœur appesanti. *Velamen positum est super cor eorum*, et leurs intelligences sont comme obscurcies et aveuglées. Ah ! s'ils venaient à se tourner vers le Seigneur, ce voile épais leur serait enlevé. *Cum autem conversus fuerit ad Dominum, auferetur velamen eorum*. Pour nous, c'est fait. Nous n'avons plus de voile que sur notre visage extérieur, et sur nos traits mortels ; le Christ l'a ôté de nos cœurs, *quoniam in Christo evacuatur*, et toutes ici sur les cimes élevées de la méditation, toutes sans exception, *nos vero omnes*, nous contemplons la gloire du Seigneur. Alors, ô merveille de la puissance et de la miséricorde divines ! nous sommes transformées à son image et nous avançons de clartés en clartés, par l'illumination de l'Esprit de Dieu. *In eamdem imaginem transformamur a claritate in claritatem tanquam a Domini Spiritu*.

Mais Dieu n'est pas seulement lumière pure, il est feu ardent. Il éclaire et il embrase.

Il ne projette pas seulement sa gerbe de clartés vives sur les âmes transfigurées, il les environne de ses flammes puissantes ; il les attire à lui, au centre même du foyer brûlant, et les transforme dans le feu de l'amour divin. C'est la vie unitive où l'âme devient un seul esprit, une seule flamme avec Dieu. *Qui adhæret Domino unus spiritus est* Il y a longtemps que ce prodige est connu et goûté des âmes contemplatives. David autrefois l'avait éprouvé, et dans le ravissement de sa reconnaissance il disait : « Mon cœur s'est échauffé au-dedans de moi-même et tandis que je méditais. un feu s'y est embrasé. » *Concaluit cor meum intra me et in meditatione mea exardescet ignis.*

O colline du Carmel ! montagnes de la contemplation, vous êtes donc aussi la montagne de l'amour divin ! Vous n'êtes pas seulement des cimes illuminées, vous êtes des cimes enflammées. Dieu est au milieu de ce buisson ardent, et quand je me dis étonné : « Je veux voir de près la grande vision et pourquoi ce buisson brûle sans se consumer ; » la voix me répond comme à Moïse autrefois : « N'approche pas d'avantage, car le lieu où tu marches est une terre sainte. » O colline mystique ! O terre sainte ! pleine de la présence et des miracles de mon Dieu ! Je m'arrête à tes pieds avec respect et j'admire de loin le grand prodige de tes sublimes transfigurations.

C'est sur tes pics élevés que descend le Séraphin de Thérèse avec son dard de feu pour en traverser les cœurs et y allumer les inextinguibles incendies du pur amour.

C'est de là que monte le chant extatique : « L'amour m'a mis dans la fournaise, dans la fournaise de l'amour ! »

Or, mes Frères, la fournaise de l'amour divin est un feu purifiant où le cœur comme le métal en fusion se débarrasse de ses scories terrestres, de ses affections vulgaires, et apparaît transformé dans l'or liquide le plus pur.

Quelle est donc cette existence, mes Sœurs, sinon l'existence commencée ici-bas des anges et des saints ? Et ne faut-il pas emprunter encore les paroles de saint Cyprien : « Vous avez commencé d'être ce que nous serons un jour ? » Les esprits bienheureux ne sont-ils pas par excellence des contemplatifs ? Les esprits bienheureux ne sont-ils pas par excellence des ardeurs qui brûlent sans se consumer dans l'exercice d'un amour immortel ?

Ah! sans doute, leur contemplation est la vision parfaite ; car ils voient Dieu, face à face. Sans doute leur amour est la béatitude, parce que non seulement, ils aiment, mais ils possèdent leur souverain bien.

Tandis qu'ici-bas, le Thabor des âmes n'est jamais complètement séparé de leur Calvaire. La vision est toujours incomplète, l'amour toujours inassouvi. Plus l'âme est transfigurée, plus elle est crucifiée par ses désirs, plus elle souffre de se sentir bien loin encore du centre de ses aspirations et de son bonheur sans mélange. Plus il lui faut gémir et entonner le cantique de l'exil : « Je me meurs de regret de ne pouvoir mourir ! »

Restez, âmes aimantes, restez encore dans ces solitudes comme les colombes méditatives et gémissantes de nos saints livres : *quasi columbæ méditantes et gementes.*

Dieu connaît vos souffrances. Dieu écoute vos désirs et quand son heure sera venue, alors votre amour sera le char de feu qui vous emportera comme Élie des sommets du Carmel jusque dans les hauteurs des cieux.

Je termine, ma Sœur, cette allocution, que je vous devais comme un témoignage de parti-

culière estime pour vous et votre famille. Ma
parole a-t-elle répondu à vos secrètes pen-
sées ?... Vous n'aviez point besoin de cette
exhortation, et qu'une voix si peu éloquente
vînt vous dire : Montez au Carmel.

De longtemps cette ascension était prête
dans vos désirs, et vous étiez comme le Sage
dont parlent les Psaumes, qui dans cette vallée
de larmes dispose dans son cœur des degrés
pour l'élever jusqu'au lieu où il se propose.
*Ascensiones in corde suo disposuit, in valle
lacrymarum, in loco quem posuit.*

Il n'était pas nécessaire de cette parole
extérieure, lorsque l'appel divin vous réitère
au fond de l'âme les invitations pressantes :
« Venez, ô mon épouse, venez du Liban et
vous serez couronnée. »

Épouse de Jésus-Christ, vous l'êtes déjà
dans vos résolutions et les desseins de Dieu ;
mais non encore dans le langage de l'Église.
Vous n'êtes que sa fiancée, et le jour des
épousailles véritables n'est pas venu.

Entrez dans ce cloître béni, ce jardin fermé,
et, comme une Vierge sage et prudente, tenez
jour et nuit votre lampe allumée, dans l'attente
de votre noble Époux ; car il viendra bientôt,

il vient déjà passant par-dessus les collines et les montagnes qui vous séparent, et vous pouvez entendre sa voix. *Vox dilecti mei, iste venit saliens in montibus, transiliens colles.* Vous l'entendez ; vous l'appelez vous-même, et l'Épouse et l'Esprit de Dieu qui parle en son cœur disent également : « Venez !... » *Et Spiritus et sponsa dicunt : Veni.*

Ah ! que toute cette noble et sympathique assistance qui vous entoure comme une couronne d'honneur : parents, amis, prêtres du Seigneur et dignitaires de l'Église ; que tous les témoins émus de cette alliance, ici assemblés dans un même témoignage d'admiration · et d'estime, et qui entendent ces appels puissants, s'unissent et disent avec vous : « Venez! » *Et qui audit, dicat: Veni.* Eh! comment pourrait-il résister à ces pressantes supplications ?... Non, il répond à toutes ces voix et dit : Je viens, « je viens bientôt! » *Etiam venio cito.* Ainsi soit-il ! Tout est prêt, venez Seigneur Jésus. Amen. *Veni, Domine Jesu.* Amen, amen ! ! !

Tours. imp. Deslis Frères, rue Gambetta. 6.